कोयला और कवित्व

कोयला और कवित्व

रामधारी सिंह 'दिनकर'

लोकभारती प्रकाशन

लोकभारती प्रकाशन
पहली मंजिल, दरबारी बिल्डिंग, महात्मा गांधी मार्ग
प्रयागराज-211 001
वेबसाइट : www.lokbhartiprakashan.com
ईमेल : info@lokbhartiprakashan.com

शाखाएँ : 1-बी, नेताजी सुभाष मार्ग, दरियागंज
नई दिल्ली-110 002
अशोक राजपथ, साइंस कॉलेज के सामने
पटना-800 006
1, अनमोल सोराबजी संतुक लेन, धोबी तलाव,
मरीन लाइंस, मुम्बई-400 002

पहला संस्करण : 1964
पुनर्नवा संस्करण : 2019
दूसरा संस्करण : 2024

मूल्य : ₹495

मुद्रक : बी.के. ऑफसेट
नवीन शाहदरा, दिल्ली-110 032

KOYLA AUR KAVITWA
Poems by Ramdhari Singh 'Dinkar'

ISBN : 978-93-89243-82-6

तेजस्विनी मानवी
श्रीमती कमल रत्नम के योग्य

प्राक्कथन

पूज्य राष्ट्रकवि रामधारी सिंह 'दिनकर' को गुजरे छियालीस वर्ष हो गए। अब उनकी 110वीं जयन्ती का वर्ष बीत रहा है।

यूँ तो महाकवि दिनकर जी को राष्ट्रकवि कहा गया है पर महीयसी महादेवी वर्मा ने कहा था कि वे विश्वकवि हैं, क्योंकि उनकी कविताओं में मात्र राष्ट्रीयता की वाणी और उसकी स्वायत्तता का गौरवगान और संघर्ष नहीं है वरन् प्रेम का एक व्यापक क्षितिज है जो उन्हें विश्वकवि की श्रेणी में ले आता है। वस्तुतः दिनकर जी एक ही साथ विश्वकवि, महाकवि, राष्ट्रकवि और जनकवि–सभी हैं। उनकी विभिन्न कविताओं में भिन्न-भिन्न तौर पर उनके काव्य-व्यक्तित्व का वैशिष्ट्य प्रकट होता है।

दिनकर जी आज भी पाठकों के सर्वाधिक प्रिय कवि हैं और प्रासंगिक भी। उनकी कविताओं में आग है, राग है और अध्यात्म है। उनकी कविताओं का अवगाहन कर प्रतीत होता है कि वे अपने समकालीन कवियों से अलग तरीके से पाठकों के समक्ष प्रकट होते हैं।

दिनकर जी ने कहा था कि सच्चा कवि हमेशा जीवित रहता है—उसके प्रति राग और द्वेष के कारण उसके सामने उसका सही मूल्यांकन नहीं हो पाता। किसी कवि का सही मूल्यांकन उसके निधन के पचास वर्ष बाद होता है। और हम देख रहे हैं, जैसे-जैसे समय गुजरता जा रहा है, दिनकर जी की कविताओं की लोकप्रियता बढ़ती जा रही है।

पूर्व में दिनकर जी की सभी किताबें लोकभारती प्रकाशन से कुछ नवीन स्वरूप और अलग नाम देकर प्रकाशित हुई थीं। अब सभी पुस्तकें अपने पुराने नाम और प्रारूप में प्रकाशित हो रही हैं। आशा है, इससे दिनकर-प्रेमी हिन्दी साहित्य जगत् सन्तुष्ट होगा।

—अरविन्द कुमार सिंह

दिनकर भवन
आर्य कुमार रोड
पटना-800004

दो शब्द

ये कविताएँ पिछले पाँच-छह वर्षों के भीतर रची गई थीं। ज्यादातर सन् '60 से इधर की ही होंगी। पुस्तक का नाम एक खास कविता के नाम पर है जो पुस्तक के अन्त में आती है। कुछ कविताएँ ऐसी हैं जो पुरानी और नई कविताओं के बीच की कड़ियों-सी दिखाई देंगी। मुझे सबसे अधिक यही कविताएँ आनन्द देती हैं। आशा है, पाठक भी उनसे आनन्द प्राप्त करेंगे।

पटना
वसन्त पंचमी
19.1.64

दिनकर

अनुक्रम

प्राक्कथन 7

दो शब्द 9

पुरानी और नई कविताएँ 13

ओ नदी! 18

नदी और पीपल 20

बादलों की फटन 22

डल झील का कमल 23

आज शाम को 25

सौन्दर्य 26

गृहमुख 28

अन्तिम पुरुषार्थ 30

कवि 31

बोरिस पास्तरनेक 33

समुद्र 36

नदी और पेड़ 38

विदेहिनी 41

अतिथि 44

धन्यवाद, मैं, सचमुच, नहीं मरूँगा 46

पृथ्वी का प्राण 50

छठी संज्ञा का जागरण 54

अपनी कविताओं के बीच 57

भौतिकी 59

भविष्य 61

विज्ञान 63

दिनचर्या 65

कला और कर्तव्य	74	95	समाधान
काल	77	98	दर्द
श्मशान	79	99	वायु
चुनौती	81	100	आँसू
तसवीर	83	101	नाव
गांधी	85	102	स्मृति
कांस्य-प्रतिमा	90	103	सिंह
हमदर्दी	93	105	कोयला और कवित्व

पुरानी और नई कविताएँ

नो, हिज़ फर्स्ट वर्क वाज़ द बेस्ट।

ए ज़रा पौंड

दोस्त मेरी पुरानी ही कविताएँ पसन्द करते हैं;
दोस्त, और खास कर, औरतें।

पुरानी कविताओं में रस है, उमंग है;
जीवन की राह वहाँ सीधी, बे-कटीली है;
सरिताएँ जितनी हैं, फूलों की छाँह में हैं;
सागर में नीलिमा है, चंचल तरंग है।

पुरुष बड़े ही पुरजोर हैं;
या तो बड़े कोमल हैं अथवा कठोर हैं।
क्रोध में कभी जो नर-नाहर ये बोलते हैं;
भूमि काँपती है, कोल-कमठ कलमल होते,
दिग्गज दहाड़ते, समस्त शैल डोलते हैं।

नारियाँ बड़ी ही अनमोल हैं;
नख-सिख तक नपी-तुली,
ठीक-ठीक साँचे में ढली हुई;
चन्दन, कदम्ब और कदली की छाया में
दूध और घी पर पली हुई।
भंगिमा स्वरूप को सँवारती है;
वृत्त की गोलाई, जो भी देखे, उसे मारती है।

तेजी है अनोखी काम-बाण में।
घाव जो लगेंगे कभी प्राण में,
रेखा में कहूँ तो 'राय जामिनी' की तूलिका की
चित्रकारी के वे प्रतिमान होंगे
छन्द में कहूँ तो रोला-छप्पय के समान होंगे।

चर्म को न छीलता, न छाँटता है।
काम का पुराना बाण
गोदता नहीं है प्राण,
दोहों के समान नपे-तुले व्रण काटता है।

किन्तु, नई कविता? गणेश जी का नाम लो।
बुद्धि और कल्पना के चौक पै खड़ी हुई
कहती है, बुद्धि ही कशा है, इसे तेज रखो,
कल्पना बढ़े जो तो लगाम जरा थाम लो।

कविता न गर्जन, न सूक्ति है।
वीर का न घोष, न तो वाणी खर चिन्तकों की,
चौंके हुए आदमी की उक्ति है।

कविता न पूर्ति है, न माँग है।
सीढ़ियाँ नहीं हैं कि हरेक पाँव सीधा पड़े,
'लॉजिक' नहीं है, य' छलाँग है।

अर्थ नहीं, काव्य शब्द-योग है।
वासना का कीर्तन नहीं है, खुद वासना है,
रागों का य' कागजी बखान नहीं, भोग है।

तन्तुओं के जाल शब्द को जो कहीं बाँधते हों,
सारे बन्धनों के तार तोड़ दो;
अर्थ से बचो कि अर्थ बेड़ी है परम्परा की,
अर्थ को दबाने से ही शब्द बड़ा होता है।
निश्चित-अनिश्चित का संगम जहाँ है सूक्ष्म,
कविता का सद्म निरालंब खड़ा होता है।

और वे तरंगमयी नारियाँ?
पुष्ट देहवाली सुकुमारियाँ?
सोची गईं इतनी कि सोच में समा गईं।
स्थूल से निकल सूक्ष्म कल्पना में छा गईं।
नारी अब स्वप्न है, विचार है।
बाहु-पाश में जो कभी दामिनी-सी नाचती थी,
'साइक' में करती विहार है।

नारी शक्ति, नारी धूप-छाँव है।
जानना हो विश्व को तो नारियों के प्राण पढ़ो,
भागना हो विश्व से तो नारी तेज नाव है।

और नर भी न नर ठेठ है।
शंकित, सजग, स्याद्‌वादी, अनेकान्तवादी,
कोई 'फास्ट', कोई 'हैमलेट' है।
आखिर मनुष्य और क्या करे?

जितना ही ज्यादा हम जानते हैं,
लगता है, आप अपने को उतना ही कम,
उतना ही कम पहचानते हैं।

जितनी ही झाँकी बुद्धि लाती दूर, पार की,
उतने ही जोर से गुफाएँ बन्द गूँजती हैं,
चीखती है कुंजी अनजाने, बन्द द्वार की।

केवल कवित्व ही समर्थ है।
सीढ़ियाँ नहीं हैं जहाँ, सारा तर्क व्यर्थ है।

तब भी समस्या बड़ी गूढ़ है।
हम दोनों में से, राम जानें, कौन मूढ़ है।

भूले भी न मेरी विपदाएँ थाहते हैं दोस्त,
केवल पुरानी कविताएँ चाहते हैं दोस्त,
दोस्त और, खास कर, औरतें।

ओ नदी!

ओ नदी!
सूखे किनारों के कटीले बाहुओं से डर गई तू।
किन्तु, दायी कौन?
तू होती अगर,
यह रेत, ये पत्थर, सभी रसपूर्ण होते;
कौंधती रशना कमर में मछलियों की,
नागफनियों के न उगते झाड़,
तट पर दूब होती, फूल होते,
देखतीं, निज रूप जल में नारियाँ,
पाँव मल-मल घाट पर लक्तक बहा कर
तैरतीं तुझ में उतर सुकुमारियाँ।

किलकते फिरते तटों पर फूल-से बच्चे,
वहन करती अछूते अंकुरों के स्वप्न का संभार
कागज की जरा-सी डोंगियाँ तिरतीं लहर पर।
और हिल-डुल कर वहीं फिर डूब जातीं।
तीर पर उठतीं किलक किलकारियाँ,
नाचते बच्चे बजा कर तालियाँ,
द्वीप पर नौसार्थ, मानो, आ गया हो,
स्वप्न था भेजा जिसे, मानो, उसे वह पा गया हो।

द्रोणियों पर दीप बहते रात के पहले पहर में,
हेम की आभामयी लड़ियाँ हृदय पर जगमगातीं,
जगमगाते गीत हैं जैसे समय की धार पर।

किन्तु, अब सब झूठ; तारे तो गगन में हैं,
मगर, पानी कहाँ जिसमें जरा वे झिलमिलाएँ?
तू गई, जादू जहर का चल गया,
कूल का सौन्दर्य सारा जल गया।

और जीवित ही खड़ी तू मुस्कुराती है अभी भी?
फूल जब मुरझा रहे थे, क्यों तुझे मूर्च्छा न आई?
क्यों नहीं, हरियालियाँ मरने लगीं, तब मर गई तू?

ओ नदी!
सूखे किनारों के कटीले बाहुओं से डर गई तू।

नदी और पीपल

मैं वहीं हूँ, तुम जहाँ पहुँचा गए थे।

खँडहरों के पास जो स्रोतस्विनी थी,
अब नहीं वह शेष, केवल रेत भर है।
दोपहर को रोज लू के साथ उड़कर बालुका यह
व्याप्त हो जाती हवा-सी फैलकर सारे भवन में।
खिड़कियों पर, फर्श पर, मसिपात्र, पोथी, लेखनी में
रेत की कचकच;
कलम की नोक से फिर वर्ण कोई भी न उगता है।
कल्पना मल-मल दृगों को लाल कर लेती।

आँख की इस किरकिरी में दर्द कम ही हो भले,
पर, खीज, बेचैनी, परेशानी बहुत है।

किन्तु, घर के पास का पीपल पुराना
आज भी पहले सरीखा ही हरा है।
गर्मियों में भी नहीं ये पेड़ शीतल सूखते हैं।

पक्षियों का ग्राम केशों में बसाये
यह तपस्वी वृक्ष सबको छाँह का सुख बाँटता है।
छाँह यानी पेड़ की करुणा,
सहेली स्निग्ध, शीतल वारि की, कर्पूर, चन्दन की।

इस पुरातन वृक्ष के नीचे पहुँचते ही हृदय की
हलचलें सब शान्त हो जातीं,
बहुत बातें पुरानी याद आती हैं।

और तब बादल हृदय के कूप से बाहर निकलकर
दृष्टि के पथ को उमड़ कर घेर लेते हैं।
सूझता कुछ भी नहीं, निर्वाक् खो जाता कहीं पर
मैं नयन खोले हुए निष्प्राण प्रतिमा-सा।

टूट गिरते शीर्ण-से दो पत्र;
मानो, वृद्ध तरु की आँख से आँसू चुए हों।
फिर वही अनुभूति,
नदियाँ स्नेह को भी एक दिन सिकता बना देतीं,
सन्त, पर, करुणा-द्रवित आँसू बहाते हैं।

बादलों की फटन

बादलों के बीच छोटी-सी फटन है,
ज्यों, गुलाबी रंग का परदा कहीं से फट गया हो।
इस फटन के बीच से होकर अगर मैं कूद जाऊँ,
कौन गिरने से उधर मुझको सँभालेगा?

मूढ! ये पत्थर नहीं, हैं फूल पानी के, धुओं के,
उस तरफ का फर्श भी हलका, मुलायम है;
कूदना हो तो अभी ही कूद जा ऊपर घटा में,
अन्यथा, क्षण में, फटन यह बन्द होती है।

डल झील का कमल

ओ सुनील जल! ओ पर्वत की झील! तुम्हारे कर में
कमल पुष्प है या कोई यह रेशम का तकिया है,
जिस पर धर कर सीस रात अप्सरी यहाँ सोई थी
और भाग जो गई प्रात, पौ फटते ही, घबरा कर?

कह सकते हो, रंगपुष्प यह जल पर टिका हुआ है?
अथवा इसके नाल-तन्तु मिट्टी से लगे हुए हैं
वहाँ, जहाँ सब एक रूप है, कोई रंग नहीं है?

उत्तर नहीं? हाय, यों ही मैं भी न बता पाऊँगा,
जम कर मेरे पाँव खड़े हैं किसी ठोस मिट्टी पर
या लहरों में इसी फूल-सा मैं भी डोल रहा हूँ।

आज शाम को

आज शाम को फिर तुम आए उतर कहीं से मन में
बहुत देर कर आने वाले मनमौजी पाहुन-से।
लगा, प्राप्त कर तुम्हें गया भर सूनापन कमरे का,
गमक उठा एकान्त सुवासित कबरी के फूलों से।

लेकिन, सब को कौन खबर दे आया शुभागमन की?
फुनगी उठा लता वातायन पर से झाँक रही है,
बारम्बार पवन आता है परदे हटा-हटा कर।
और सितारे अन्तरिक्ष की चौखट लाँघ रहे हैं,
मानो, नभ से उतर यहाँ वे भी आनेवाले हों!

सौन्दर्य

तुम्हें देखते ही मुझमें कुछ अजब भाव जगता है;
भीतर कोई सन्त, खुशी में भर, रोने लगता है।

कितनी शुभ्र! पवित्र! नहा कर अभी तुरत आई हो?
अथवा किसी देव-मन्दिर से यह शुचिता लाई हो?

एकाकिनी नहीं तुम, कोई शिखा और जलती है;
किसी शक्ति की किरण तुम्हारे संग-संग चलती है।

और नहीं तो क्यों न सुलगती तृषा अंक भरने की?
क्यों जलती है तुम्हें देख इच्छा पूजा करने की?

गृहमुख

रक्त में कोई नई कल्लोलिनी घर कर गई है,
आजकल ये बहुत भाते हैं
रात का एकान्त, ये सुनसान सड़कें,
फूल, फूलों की हवा, आकाश, बादल, चाँदनी
और सन्ध्या के समय मैदान के दूर्वादलों पर
देर तक लेटे हुए गिनना सितारों का।

भागने जब से लगा हूँ कीर्ति के कोलाहलों से,
हूक उठती है, अरे, मैं तो प्रवासी था :
अब बहुत दिन बाद अपने देश वापस जा रहा हूँ।

वायु हलके पंख से सिर का पसीना पोंछती है।
राह की चिकनी, मुलायम धूल
गुदगुदा कर पाँव की विक्लान्ति हर लेती।
प्यास लगने पर पिला देते ढहे-टूटे कुएँ
कुछ याद बीती बात की अपने सलिल में घोल कर।
मैं बड़े हलके कदम धरता उछलता जा रहा हूँ
फूल-सा शीतल पवन के दोल पर।
जा रहा हूँ धूप से शीतल द्रुमों की छाँव में,
छोड़ कर पक्की सड़क मन के मटीले गाँव में,
दूर कोलाहल-भरे संसार से,
दूर भोंपू, रेडियो, अखबार से,
दूर उस मन में जहाँ एकान्त है,
जिन्दगी चलती, मगर, सब शान्त है।

अन्तिम पुरुषार्थ

प्राण में जब क्लान्ति,
जीवन में थकन जब व्यापती है,
स्वप्न सारे टूट कर उड्डीन हो जाते
रुख के पत्ते यथा पतझाड़ में।

स्वप्न मेरे भी चतुर्दिक् टूटकर उड़ने लगे हैं;
और मैं दुबली भुजाओं पर उठाए
व्योम का विस्तार एकाकी खड़ा हूँ।
इस भरोसे में नहीं, कोई बड़ा पुरुषार्थ है यह,
किन्तु, केवल, इसलिए, अब और चारा ही नहीं है।

कवि

[1]

चमत्कार!
आचार्य समालोचक कृतज्ञ हैं।
करना पड़ा न काम,
तुम्हारा लेना पड़ा न नाम,
उठाना पड़ा नहीं, तुम स्वयं
काल के मस्तक पर छा गए।
सूर्य के निकट, चाँद के पास
आप अपने बल से आ गए।

सीढ़ियाँ उनके लिए अमोघ
छतों तक जिनको जाना है।
बादलों पर ही जिनकी दृष्टि,
उन्हें पथ आप बनाना है।

[2]

इतना भी है बहुत, जियो केवल कवि होकर।
कवि होकर जीना यानी सब भार भुवन का
लिये पीठ पर मन्द-मन्द बहना धारा में।
और साँझ के समय बादलों में मँडरा कर
श्रान्त-क्लान्त वसुधा पर जीवन-कण बरसाना।

हँसते हो हम पर? परन्तु, हम नहीं चिढ़ेंगे।
हम तो तुम्हें जिलाने को मरने आए हैं।
मिले जहाँ भी जहर, हमारी ओर बढ़ा दो।

बोरिस पास्तरनेक

मेरी प्रशस्ति में राजनीति का स्पर्श नहीं।
पर, कैसे चौंके नहीं, भीड़ के महारण्य
में पेड़ अगर कह उठे, 'इन्हीं के लिए खिलूँ?
तो महाराज! दे दें अनन्त आकाश मुझे।'

या वातायन पर से बाहर झाँकते हुए :
'बच्चो! सड़कों पर कौन सदी यह गुजर रही?
भूल ही गया, देखो तो, मुझको देश-काल,
'बायरन' और 'पो' से बातें करते-करते।'

किरणें उतरें जब नहीं, वायु-वीणा लेकर
जब गिरा ऊँघने लगे बादलों के वन में,
तब उचित, अगर कोई ऊपर पत्थर फेंके,
ओ नभश्चारिणी, नीचे यह मिट्टी भी है।

पर, लौह फाँस में हों सबके जब पंख बँधे,
तब उस शकुंत की जय बोलो, जिसके स्वर में
भर उठे व्योम; वन्दी युग का प्राचीर तोड़
सारी शताब्दियाँ उमड़ सिन्धु-सी छा जाएँ।

यह कौंध उठी आभा जड़ता का तिमिर भेद
यह कला नहीं, प्रस्तरीभूत मानव-मन के
नीचे से आत्मा की पुकार ऊपर आई
कहती, 'जो कुछ भी करो, नहीं मैं मरती हूँ।'

किस ऊँचाई पर खड़ी हुई इस बार कला!
राजे कमन्द फेंकते रहे, पर, झंकारें
फैल ही गईं सर्वत्र; और तालियाँ पीट
मानवता के प्रहरी गीतों पर छा न सके।

लो, एक बार फिर छिटक कंस के हाथों से
उड्डीन योगमाया अम्बर में लीन हुई;
फिर पूछ रहे सब ग्वाल-बाल, 'क्या हुआ अरे!
मुरलीवाला हमसे क्यों रूठा जाता है?'

राजाओं पर मुरलीवाले का रोष नहीं,
आसक्ति-मोह त्यों नहीं असीम प्रजाओं से;
पर, मैं भविष्य को निकट खींच लाने आया,
तुम दोनों आओ वहाँ, जहाँ मैं जाता हूँ।

मोड़ो न धार स्वर की अकीर्तियों के भय से,
रोको मत अपना कंठ कीर्तियाँ पाने को,
रह जाती मर कर यहाँ कुसुम की भी सुगन्ध,
पत्थर की भी आवाज दूर तक जाती है।

सत्य ही, जहाँ तुम थे कवि! उस ऊँचाई पर
जय और पराजय में कोई भी भेद नहीं;
है कला समर्पण जहाँ, वहाँ अनुकूल रोर,
यश के निनाद, दैहिक जय से क्या होता है?

तम में प्रकाश झनझना उठा, आ रहा काल
भौतिक प्रतिमा में आत्मा के अभिषेक का;
बीता प्रयोग, आयस युग, शायद, बीत चला,
आगे जो है, वह युग है पास्तरनेक का।

समुद्र

चूर्ण-चूर्ण हो रही हँसी नीले, अपार अधरों की;
क्षाग फूट कर राशि-राशि फूलों में बिखर रहा है।
ओ विराट! विभ्राट! दर्पनिर्घोष काल-भैरव के!
इस कठोर, दुर्दान्त रोर का कारण बता सकोगे?

सुनता हूँ, उर्वशी तुम्हारी बहुत-बहुत सुन्दर थी;
पर ले गए उसे हर वे, जो अम्बर में बसते हैं;
तुम नाहक निर्दोष, दीन धरणी को पीट रहे हो।

ओ प्रमत्त! उन्मत्त! दूत दुर्मद कल्पान्त-प्रलय के!
एक बार जो अट्टहास प्रलयंकर शिवशंकर का
जमकर हुआ तुषार, चमकने लगा हिमालय बनकर,
वही दूसरी बार, लील या पिघल तुम्हारे जल में
निखिल भूमि को घेर भीम-गर्जन में गरज रहा है।

ओ अशेष! निर्बन्ध! कल्पना मेरी भी ऐसे ही
कभी गर्जनामयी समुद्वेलित, असीम, उच्छल थी।
लेकिन, अब मन के उबाल में तुम-सा ताव नहीं है।
तरुण बना रहता है बड़वानल सदैव सागर का,
पर, मनुष्य की आग, काल पाकर, कुछ बुझ जाती है।

ओ पल-पल चंचल, विराट सौन्दर्य! तुम्हारे गृह में
मन्द-ज्योति नर के निमित्त भी क्या कोई कोना है?
लोगे मुझे समेट व्यग्र अपनी विशाल बाँहों में?
फेनों के ये श्वेत फूल मुझ पर भी छितराओगे?

शीर्ण, झुर्रियाँ-भरी उँगलियों से मस्तक सहला कर
मुझे सुला लो उढ़ा शॉल चमकीले अँधियाले की
लिये चलो अथवा नीली लहरों के साथ बहा कर।

मैं जी भर संगीत सुनूँगा विकल तुम्हारे मन का
और उसी गर्जन को सुनते-सुनते सो जाऊँगा।

नदी और पेड़

[पेड़ की उक्ति]

क्या हुआ उस दिन?
तुम्हें मैंने छुआ था
मात्र सेवा-भाव से, करुणा, दया से।
स्पर्श में, लेकिन, कहीं कोई सुधा की रागिनी है।
और त्वचा के भी श्रवण हैं।
स्पर्श का झंकारमय यह गीत सुनते ही
त्वचा की नींद उड़ जाती;
लहू की धार में किरणें कनक की झिलमिलाती हैं।

रोम-कूपों से उठी संगीत की झंकार;
नाव-सी कोई लगा खेने रुधिर में।
तीर पर सूखा खड़ा यह वृक्ष अकुलाने लगा फिर
स्पर्श की संजीवनी, हरियालियों के ज्वार से।

खिल पड़े सहसा जुही के फूल सेवा के हृदय में,
शुभ्र-सित आनन दया का लाल हो आया।
और गैरिक चीर करुणा के सुशीतल, शान्त तन का
रँग गया आखिर गुलाबी रंग में।

फिर लगा ऐसा कि मेरे बंध सारे खुल गए हैं
और मिट्टी से उखड़ मैं भूमि पर चलने लगा हूँ;
या नदी खुद ही बताये राह लेती जा रही है
उँगलियाँ पकड़े हुए बेहोश, संज्ञाहीन तरु को
तीर से नीचे सलिल की धार में।
तीर, जिस पर रेत है सूखी, शिला है;
धार, जिसके स्पर्श से हरियालियाँ उत्पन्न होतीं
और सूखे वृक्ष में पत्ते निकलते हैं।

और इतने में, न जाने,
सोचकर क्या बात मन में हँस पड़ीं तुम।
मैं, न जाने, देख क्या सकुचा गया।
एक पीला पत्र धारा में बहा कर
वृक्ष फिर अपनी जगह पर आ गया।

गूँजती है आज भी उज्ज्वल हँसी वह कान में।
आँख मूँदे मैं खड़ा हूँ तीर की सैकत शिला पर
आज भी तसवीर उस दिन की जुगाये ध्यान में।

विदेहिनी

तुम अचानक ही कहाँ से आ गई थीं,
रूह की प्रतिमा
निकल सहसा द्रुमों की छाँह से,
या अतर्कित ही
तिमिर से फूटनेवाली किरण कोई?

हाथ पर तुमने रखा जब हाथ,
शीतलता गई भर;
प्यास से जलती हुई आतुर भुजाएँ
फैल कर फिर मुड़ गईं स्वयमेव

जैसे साँप दीपक देख कर
फण तोड़ लेता है।

दृष्टि में थी कौन पावन धार
मैं जिसकी लहर में
डूब कर निकला लिये
निस्तप्त मन शुकदेव का?

चन्दनासन पर बिठा,
कर्पूर-नीराजन सजाकर
मैं तुम्हारी ओर अपलक
देखता खोता गया
भूमि से ऊपर गगन में,
स्यात्, उसके भी परे
मन के अनन्ताकाश में।

चाहता था, बोल कर कुछ बात
तुम मेरा अकेलापन
जरा कुछ मन्द कर देतीं।
पर, नहीं बोलीं, रहीं, जब तक,
सदा हँसती रहीं
निर्मल हँसी, निश्छल हँसी,
बेसुध हँसी वह सन्त की।

सन्त, जिनके स्पर्श से तूफान सो जाते;
सन्त, जो जल पर टहल कर भी चलें तो
पाँव में जल का न कोई दाग लगता है।

अतिथि

आओगे?
मेरे वसन्त के प्रात!
शान्ति के पुंडरीक अवदात!
कामना के झकोर में हिलते-डुलते फूल!
विकल शत-शत स्वप्नों की तृषा!
और सारे स्वप्नों की पूर्ति!
ढूँढ़ते हरदम जिसको प्राण!
शान्ति की विभा, स्नेह का ध्यान
जगाने वाली मोहन मूर्ति!
आओ, मेरे शोक और आनन्द!

आँख के अश्रु!
प्राण की व्याकुलता के छन्द!
आओ, जो कुछ पास,
पाद-पद्मों पर धर देता हूँ,
सभी शोक-आनन्द
तुम्हें मैं अर्पित कर देता हूँ
आओ, भीतर अभय, द्वार को बन्द करो,
मुझे सभी पीड़ाओं से स्वच्छन्द करो।

धन्यवाद, मैं, सचमुच, नहीं मरूँगा

प्रथम-प्रथम तुमसे जब आँखें चार हुईं
दहल उठा था मैं अपनी दीनता देखकर।

तुम सुवर्ण साकार,
ताम्र का मैं सिक्का खोटा-सा;
मैं करील श्रीहीन,
दीपती-सी तुम लता विभा की,
तुम गिरि की निर्झरी,
गाँव का मैं सोता छोटा-सा।

कुसुम-कलेवर में प्रकाश का मन देखा,
कहूँ, चमेली को करते चिन्तन देखा।
और सोचने लगा, आरती अबकी कहाँ सजाऊँ मैं?
मन की किस ऊँची तरंग पर इस छवि को ले जाऊँ मैं?

तुलसी-कानन दूर, निकट पाटल का वन है।
निकट भूमि की गन्ध, दूर निर्मेघ गगन है।
हाय, सूक्ष्म होने पर भी कितना दुर्बल चिन्तन है!
द्विधामूढ़ मेरा मन मुझको मार गया।
स्वयं आप अपने से ही मैं हार गया।

जो भी करो उपाय, नहीं रुकता है ज्वार रुधिर का।
फूलों की माधुरी बुद्धि को व्याकुल कर देती है।
रोको चाहे लाख, किन्तु, वारुणी हृदय की
अपनी लाल तरंग उठा आँखों में भर देती है।

सब समेट कर, तब भी, मैं चुपचाप रहा,
भीतर ही सहता भीतर का ताप रहा।
जैसे अगणित लोग जगत् में मौन रहा करते हैं,
छिपे-छिपे प्राणों की सारी आग सहा करते हैं;

तब सहसा तुम बोल उठीं (है याद?) एक दिन
'नहीं, अशिव मरघट की मैं चिनगारी नहीं चुनूँगी,
जितने भी हैं गीत तुम्हारे, सब मुझको भाते हैं;
किन्तु, मरण के गान, हाय, मैं कवि से नहीं सुनूँगी।'

स्वर मेरा काँपने लगा आनन्द से।
खिलने-सा कुछ लगा रुधिर में; और कंठ से
छन्द फूटने लगे, खुशी में भर, पागल बेछन्द से।

कितनी अच्छी बात! अभी जीवित है स्रोत सुधा का;
कमी नहीं अब भी करुणा की वायु की,
कवि! समाज अब भी तुझको अपना बेटा कहता है।
मातृजाति को अब भी है चिन्ता तेरी परमायु की।

अमृत-मन्त्र; आभास हुआ, मानो, मस्तक पर
अंचल की छाया देकर जीवनदायिनी खड़ी हो!
लगा रही हो स्वयं जिन्दगी, मानो, मुझे हृदय से,
मानो, मुझ पर अनायास हरियाली बरस पड़ी हो!

देवि! अमृत से तुमने मुझको सींच दिया।
अनायास ही तुमने मेरी बाँह पकड़ कर
सचमुच ही, कुछ दूर मरण से खींच लिया।

मातृजाति का यही मूक वरदान; नयन से
जाने, वे क्या अमृत पिला देती हैं।
दृष्टि मात्र से भर देतीं झंकार रुधिर में,
मरती हुई शिखा को देकर स्नेह जिला देती हैं।

धन्यवाद! मैं सचमुच, नहीं मरूँगा।
जब तक मेरे लिए कहीं भी करुणा का लवलेश है,

जब तक मेर लिए सुधा का बिन्दु कहीं भी शेष है,
मरण-कोट पर चढ़ जीवन की ध्वजा उड़ाकर
मैं मृत्युंजय कवि प्रकाश की जय का गान करूँगा।

पृथ्वी का प्राण

घूम रहा मधुवन में जो निष्काम,
तुम्हारा प्राण है।
नक्षत्रों को जो कर रहा प्रणाम,
तुम्हारा प्राण है।

[1]

भाप और बिजली का हाहाकार,
कोकिला भीत है;
कोलाहल से भरा हुआ संसार,

मौन संगीत है।
तब भी, जिस साधक की शान्ति अभंग,
साधना चल रही,
तूफानों से अलग शुभ्र, निस्पन्द
वर्तिका जल रही।
इन्द्रपुरी में भी रह अडिग, अचूक,
टेक-ईमान का,
कीर्ति-मुखर युग में भी निश्छल, मूक
अशब्दित गान का
चुका रहा जो अनघ आज भी दाम,
तुम्हारा प्राण है।

[2]

कौन शक्ति वह मुझको रही निहार
जलद के द्वार से?
यह किसकी आ रही अभंग पुकार
गगन के पार से?
अब भी सबसे, सुनो, अमृत-सन्तान!
श्रेष्ठ अमरत्व है।
जहाँ नहीं है पहुँच सका विज्ञान,
वहाँ भी तत्त्व है।
सुने कौन यह पतली-सी आवाज,
बड़ा ही शोर है,
चिमनी का हो गया चतुर्दिक् राज,

धुओं का जोर है।
पर, अदृश्य का यही क्षीण स्वर क्षाम
तुम्हारा प्राण है।

[3]

कहाँ पहुँच हो गई चेतना मौन?
त्वचाएँ काँपतीं।
फूल-फूल के भीतर से यह कौन,
उझक कर झाँकतीं?
रोम-रोम में वीणा की झंकार,
लहू में छन्द है।
मुक्त हो गया किस मधुवन का द्वार?
बड़ा आनन्द है।
ले जाओ, यह भावुक हृदय नवीन,
धरा है हाथ में;
हाय, विकल यौवन जो निद्राहीन
जाग कर रात में
तकिये पर लिख रहा प्रिया का नाम,
तुम्हारा प्राण है।

[4]

बड़ी चटुल है, बड़ी प्रखर है धार,
दिशागज मौन हैं।
बहने से जो आज करे इनकार,

साहसी कौन है?
कहीं नहीं धरती पर कोई वीर,
धार को मोड़ दे;
अपनी छाती लगा वक्ष-प्राचीर
सलिल का तोड़ दे।
तब भी, जो विद्रोह-वीर बलवान
दीप्त अभिमान-सा,
धारा में है खड़ा रोप कर पाँव
अडिग चट्टान-सा;
मही, कुक्षि-भूषण सुत यह उद्दाम,
तुम्हारा प्राण है।

छठी संज्ञा का जागरण

प्रेम, प्रेम मत कहो,
शब्द यह घिस गया।
किसलय कहो, तरंग कहो,
या चाँदनी;
याकि वायु जो तृणों, टहनियों, डालियों,
रंग-बिरंगी हरियाली से छनी हुई आती है।

तुम्हें ज्ञात है, नारी का नारीत्व कहाँ बसता है?
ग्रीवा में? टेढ़ी चितवन के चोज में?
त्रिवली-तट पर या शिल्पित वक्षोज में?

नहीं, त्रिया इन रेखाओं से
बहुत दूर है।

पंचेन्द्रिय से परे एक चेतना और है।
जब वह जगती है, मनुष्य विस्मय से भर जाता है।
रेशम के लच्छे-सी लगती किरण;
व्योम दीखता ध्यान में निरत
किसी निश्चिन्त महायोगी-सा;
त्रिया पुण्य की प्रभा,
प्रेरणा के समान लगती है।

और पुरुष अपने भीतर पीड़ा अनुभव करता है
कविता की आहट-सी,
दर्शन की तरंग-सी,
मँडराते जल-भरे मेघ की
मादक आकुलता-सी।

छठी चेतना की जागृति का स्वाद?
शिरा-शिरा में धार रुधिर की छन जाती है।
देख पुरुष-दृग में आकुल आह्लाद
त्रिया कुमारी युवती बन जाती है।

जब समाधि में सारा वन सोता है,
भरी चाँदनी में पहाड़ बिलकुल अशब्द होता है,

तब तुमने क्या याद किया है
कभी किसी प्यारी को?

बिना स्पर्श पुलकित कर सारे अंग,
पिला मुग्ध नयनों से सुधा-तरंग
फिर से यौवन दान दिया है
कभी किसी नारी को?

यदि हाँ, तो तुम धन्य!
पत्थरों के भीतर से
तुम गुलाब के भींगे गान सुनोगे,
झर-झर झरती वर्षा की बूँदों में
किरणों का आकुल आह्वान सुनोगे।

छठी चेतना का पंकज जब खिल गया;
नारी का नारीत्व पुरुष को मिल गया।

अपनी कविताओं के बीच

कंचन नहीं, काँच के टुकड़े; तो तुम बहुत भले हो।
पर, यह क्या खिलवाड़, दृष्टि जिस पर भी ले जाता हूँ,
हँसने लगता वही कौतुकी दर्पण मुझे दिखा कर?

नादानो! क्या तुममें इतनी भी पहचान नहीं है,
जिस घर में आइने टँगे हों सारी दीवारों पर,
कवि ठहरे यदि वहाँ, एक दिन पागल हो जाएगा?

पर, कवि ही क्यों? हँसी-खुशी में जो भी झूम रहा है,
निश्चय ही, अपने अतीत पर पर्दे गिरा चुका है।

तो फिर मैं ही रहूँ पड़ा क्यों नीचे उस पीपल के
जिसकी डालों से मेरे सपनों के घंट बँधे हैं?

मैं क्या करूँ, अगर वन्ध्या हो गई धूल खँडहर की,
आँसू पीकर भी एक अंकुर उपजा पाती है?
मैं क्या करूँ, अगर नदियों के तट पर अँधियाली है,
किसी वीर की चिता-भूमि में दीप नहीं जलता है;
और मरे जो, वे दिन-दिन कुछ और मरे जाते हैं?

भौतिकी

बहुत उच्च वह शिखर साधिके! तुम अब जहाँ खड़ी हो।
उझको तो आगे समीप ही सिन्धु दिखाई देगा
आत्मदर्शियों के चिन्तन का, गहन, गूढ़ दर्शन का।

अणु था ठोस, भूतमय ज़ग था, मायावाद मृषा था?
पर, अब तो परमाणु तोड़ कर तुमने देख लिया है,
कहीं नहीं कुछ ठोस, सभी कुछ माया है, छलना है;
कहो उसे ऊर्जा, तरंग या विकिरण किसी प्रभा का।

स्यात्, सत्य ही, सृष्टि जहाँ से अंकुर फोड़ बढ़ी है,
जीवन के उस मूल-उत्स पर कुछ भी ठोस नहीं है।
जो कुछ है, ऊर्जा, तरंग है, माया है, छलना है।
हम अ-ठोस में ठोस जगत् का सपना देख रहे हैं।
अँधियाली है रात, रज्जु अहि के समान लगती है।

भविष्य

सूर्य, एक क्षण को मेरी पुतली में समा सकोगे
सारी रश्मि समेट, बिन्दु में सारा सिन्धु समो कर?

दूर-दूर तक भेद भविष्यत् के घन-गहन तिमिर को
देखा मैं चाहता, कहाँ, किसका, क्या भाग्य लिखा है?

इस युग का सौभाग्य, रोशनी जिसकी उलट गई है;
जो अपने को नहीं, चन्द्रमा को ललकार रहा है।

अन्तरिक्ष में सड़क खुलेगी? या वह भी टूटेगी
जो पेरिस से रूस और फिर पीकिंग तक जाती है?

नक्षत्रों पर राज करेगी मही? कि भूमि अभागी
एक रोज बन धूल खमंडल में खुद उड़ जाएगी?

मैं देखा चाहता, भविष्यत् की घन-अन्ध गुहा में
टँगा हुआ है मानचित्र जो विपुल, विशाल जगत् का,
अंकित है यह मही कहीं उस नक्शे के कोने में?

यदि हाँ, तो जब हुआ सभ्य मानव, तब कौन सदी थी?
अगर नहीं, तो मरी, अन्त में, वसुधा किस पीड़ा से?
जनसंख्या की वृद्धि याकि उद्‌जन बम, क्या कारण था?

विज्ञान

शंका करने लगे स्वयं पर, यह क्या कम है?
आगे है जो लक्ष्य, तुम्हारे शर से विद्ध न होगा।
जो कुछ था नापने योग्य, नप चुका गणित से;
किन्तु, गणित के फार्मूलों से ईश्वर सिद्ध न होगा।

तुम जिस पर लिख रहे, दृश्य वह जगत् बिम्ब है;
पर, छाया जिसकी यह, वह असली दीवार कहाँ है?
मान लिया, तुम देश-काल तक पहुँच गए हो,
पर, दोनों से परे, गहनता का संसार कहाँ है?

जगत् वहीं तक नहीं शेष, जितना तुम जान चुको हो।
अच्छा है, यह भेद स्वयं तुम भी पहचान चुके हो।
जितनी खुशी मुझे मानव की अन्तरिक्ष की जय से,
उससे बढ़कर हर्ष भौतिकी की नम्रता, विनय से।

दिनचर्या

प्रातःकाल

कहो अन्धविश्वास याकि आदत ही कह लो,
जैसे ही टूटती सुबह में नींद, नयन खुलते हैं,
हरि का लेता नाम, देखता हूँ अपने हाथों को,
तब शरीर को तान तनिक फुर्ती तन में भरता हूँ।
नहीं देखता, कौन कहाँ सोया है, कौन जगा है;
सबसे पहले दर्पण में निज को देखा करता हूँ।
इस विचार से नहीं कि मेरा मुख सबसे सुन्दर है।
(अब सौन्दर्य कहाँ? आँखों के पास मेघ छाए हैं;

गालों पर गंगा-यमुना के स्रोत निकल आए हैं।)
किन्तु, देखने को, जितना कुछ कल मैंने खोया था,
सूर्य-संग कर होड़ रात जितना जल कर सोया था,
वह प्रदाह मिट गया कि उसका दाग अभी बाकी है?
निद्रा ने कुछ दिया कि कल की वही बुझी झाँकी है?

तब तक घर में कई-कई अखबार पहुँच जाते हैं,
भोर-भोर ये चुगलखोर कितनी चुगली खाते हैं।
जिसने काटी किसे चिकोटी या भोंका भाला है
फटे हुए पाजामे को कुछ और फाड़ डाला है।
किसने किसको सुई चुभोयी, कौन, कहाँ रोता है;
कौन छीन किसके कन्धे से भार स्वयं ढोता है।
कहाँ जगा है देश, कहाँ जगने की तैयारी है,
यानी होगी कहाँ, कहाँ हड़ताल आज जारी है।
जीता कौन दबंग, शील में फँसा कौन हारा है,
बीच सड़क पर किसने किसको उलटा दे मारा है।

फिर जपता कुछ नाम, देवता को धोखा देता हूँ,
बच्चा हूँ, माँ से चाहे जो चीज माँग लेता हूँ।
धरता हूँ जब ध्यान, सामने माता आ जाती है,
कहती तो कुछ नहीं, समझ सब कुछ हँसती जाती है।
फटी शान्ति को, इस प्रकार, जैसे-तैसे सीता हूँ
मधुमेही हूँ, चना चबा कर चाय जरा पीता हूँ।

मुलाकाती

तब तक, जाने, कहाँ-कहाँ के लोग पहुँच जाते हैं,
'होम टास्क' मेरे निमित्त कुछ नया रोज लाते हैं।
मन्त्री के हो मित्र, यार, बस इसे बहाल करा दो,
बड़ा पुण्य होगा भाई, यह गोटी लाल करा दो।
और हाय, यह बेकसूर तो नाहक आन फँसा है,
दफ्तर में साजिश है जो, उसने ही इसे डँसा है।
तुम्हें ज्ञात ही है, अफसर किस कदर दुष्ट होते हैं,
हिन्दी के हामी पर तो बेवजह रुष्ट होते हैं।

सुनता हूँ सब, कभी शान्ति से, कभी चीख पड़ता हूँ,
नरम किसी को और किसी को गरम दीख पड़ता हूँ।
पर, जैसे भी सुनूँ, किसी का काम नहीं होता है,
सत्ता का पर्याय खोखला नाम नहीं होता है।

डाक

तब तक आती डाक, भीड़ से अलग छूट पड़ता हूँ,
बंडल पर भूखे मनुष्य के सदृश टूट पड़ता हूँ।
किन्तु, रोज ही सब्जी कम, कंपोस्ट अधिक होते हैं,
बन्द लिफाफे विरल, खुले बुक-पोस्ट अधिक होते हैं।
और खोलिए उन्हें अगर तो वही एक क्रन्दन है,
'बन्धु! यहाँ ऊँचे कवियों का भारी सम्मेलन है।
निश्चय ही, इस बार आप, आशा है, दर्शन देंगे,

यह भी बतलाइए, फीस, कम-से-कम, कितनी लेंगे?'
ज्यादातर चुप ही रहता हूँ, पर, जब जी डरता है,
हाँ-हूँ या ना-नू करके कुछ लिखना ही पड़ता है।
यानी अब थक गया, मंच पर ठीक नहीं छजता हूँ,
'आर्केस्ट्रा' तो छोड़ चुका, हाँ 'सोलो' कुछ बजता हूँ।
सो बज दूँगा, मौका गर मिल गया उधर आने का,
आप-सरीखे काव्य-प्रेमियों का दर्शन पाने का।
(काव्य-प्रेम के ये मतवाले बड़े दिव्य होते हैं।
ले जाने के समय आपके पाँव तलक धोते हैं।
किन्तु, लौटते समय आप इनको अद्‌भुत पाएँगे,
'आटोग्राफ' भले माँगें, पर, कार नहीं लाएँगे)।

साहित्य-संलाप

अब सुनिए, सन्ध्या को जब साहित्यकार आते हैं,
एक साथ कितनी बातें कविता की कह जाते हैं।
मात्र काव्य ही नहीं, भविष्यत् जग का बड़ा विषय है।
कहते हैं, ग्रह सभी वाम हैं, अच्छा नहीं समय है।
फिर कहते, हम सोच रहे जो, कभी सत्य सब होगा।
भूले भी मैं नहीं पूछता, आखिर, यह कब होगा।
एक भाव है और, मुझे जो बहुतों में दीखा है,
छिपा रखूँ क्यों भेद, इधर जो वर्षों में सीखा है?
वह कवि हरगिज नहीं, और को भी जो कवि कहता हो,
सूर्य नहीं वह, अपर सूर्य को भी जो रवि कहता हो।

संसद में

वृथा फँसे हम सब, बनारसीदास सदा कहते हैं।
जंगल छोड़ कभी योगी क्या शहरों में रहते हैं?
मगर, आन ही फँसे अगर तो समय नहीं खोओ रे!
जैसे मैं सोया रहता, तुम भी सुख से सोओ रे!
जगे अगर, तो सच कहता हूँ, पीछे पछताओगे,
पकड़ गए तो, अजब नहीं, मन्त्री ही बन जाओगे।
छूट जायगा काव्य, बना कर मर्कट नचवाएँगे,
आगे करके नमन, पीठ पीछे मुँह बिचकाएँगे।

चौबे जी पर भक्ति हमारी विरल नहीं, महती है;
लेकिन, उनकी सीख हमेशा याद नहीं रहती है।
सच है, नींद बहुत अच्छी, जगना ही काम बुरा है,
खलल यही, पंडित जी कहते हैं, आराम बुरा है।
सो लेता हूँ तनिक देर, जब नींद कभी लगती है,
पर, जैसे ही राजनीति की खाज सुखद जगती है,
घर से भाग तुरन्त पार्लियामेंट पहुँच जाता हूँ,
किन्तु, सभा में कभी देर तक बैठ नहीं पाता हूँ।
इधर-उधर झूमता, घूमता मस्ती या पस्ती में,
आखिर जाता पहुँच उसी कोलाहल की बस्ती में
जिसकी मौजें बेमिसाल, चुहलों की शान गजब है।
सचमुच, 'सेंट्रल हॉल' देश का बड़ा सियासी क्लब है।
बीत रहा क्या बंगलोर में, पटने या झूँसी में,
ये खबरें फैलतीं यहाँ चुप-चुप कानाफूसी में।

छिपकर चलता सत्य (उसी को हाय, सभी से भय है)।
लेकिन, वह प्रत्यक्ष, मंच का जो केवल अभिनय है।

कभी-कभी, पर, दर्द हृदय का दूना हो जाता है,
कर 'नवीन' की याद, 'हाल' यह सूना हो जाता है।
तब भी, माँ की कृपा, मित्र अब भी अनेक छाए हैं,
बड़ी बात तो यह कि 'लोहिया' संसद में आए हैं।
मुझे पूछते हैं, 'दिनकर, कविता में जो लिखते हो,
वह है सही याकि वह जो तुम संसद में दिखते हो?'

मैं कहता हूँ, 'मित्र! सत्य का मैं भी अन्वेषी हूँ।
सोशलिस्ट ही हूँ, लेकिन, कुछ अधिक जरा देशी हूँ।
बिलकुल गलत 'कमून', सही स्वाधीन व्यक्ति का घर है,
उपयोगी विज्ञान, मगर, मालिक सबका ईश्वर है।
अच्छे लगते मार्क्स, प्रेम है अधिक, किन्तु, गांधी से,
प्रिय है शीतल पवन, प्रेरणा लेता हूँ आँधी से।
नहीं चाहता युद्ध, लड़ाई, लेकिन, अगर ठनेगी,
किसी तरह भी शान्तिवाद से मेरी नहीं बनेगी।
जब तक युद्ध शेष, तब तक है बड़ा महत्त्व छुरी का,
झूठ नहीं यह बात, नहीं कायल मैं किसी धुरी का।

'शाश्वत कहते जिसे, लाख उस सुख का ध्यान धरूँ मैं,
महाकाल का मन से जितना भी सम्मान करूँ मैं,
वर्तमान के लिए होम, लेकिन, सब कुछ देता हूँ,
और बदलती घड़ियों से आदेश सदा लेता हूँ।

एक नहीं, दोनों ध्रुव मेरे भीतर धँसे हुए हैं,
सभी सत्य अपने-अपने शिखरों पर बसे हुए हैं।
इसीलिए, चलदल-समान रह-रह डोला करता हूँ,
जब होता हूँ जहाँ, उसी ध्रुव से बोला करता हूँ।
अलम् नहीं, बस, आँख मूँद अपने मत का मंडन ही,
कभी-कभी चाहिए सत्य के लिए आत्म-खंडन भी।

'इसीलिए, मैंने स्वतन्त्रता-सार बचा रक्खा है,
अपनी बात काटने का अधिकार बचा रक्खा है।
खादी के नीचे महीन गैरिक वर्दी रखता हूँ,
जो खिलाफ लड़ते, उन पर भी हमदर्दी रखता हूँ।

'न तो भूत का मित्र, न भावी का ही मैं स्रष्टा हूँ।
दोनों में चल रहा द्वन्द्व जो, मैं उसका द्रष्टा हूँ।
जिये देश का वह अतीत, जो आगे जी सकता है,
पिये हिन्द नूतन प्रकाश, जितना भर पी सकता है।
गत के साथ अनागत का संघर्ष मुक्त चलने दो,
सूख चुकी जो स्वयं, शीर्ण उस शाखा को जलने दो।
पर, तुम रहो तटस्थ, शस्त्र मत दो भविष्य या गत को,
भारत स्वयं बचा लेगा अपने स्वरूप शाश्वत को।
जितना ही यह देश अंधड़ों के झोंके खाता है,
पुनः आप अपने समान उतना ही हो जाता है।

'हम उधर के आदर्शों पर बहुत फूल जाते हैं,
कभी-कभी अपना सारा इतिहास भूल जाते हैं।

मँगनी के तूफान और अंधड़ में जितना बल है,
उससे कहीं अधिक भारत का अपना प्रभाव प्रबल है।
जो भी आवें वाद, प्रथम तो उन्हें अंक भर लेंगे,
पर, सबको हम कभी खरल में घोंट एक कर देंगे।
इसी देश में कभी जगत् का द्वन्द्व शमन पाएगा,
नया रूप धर कर समक्ष फिर वही धर्म आएगा
भूल चुके पंडित, पर, भूली जिसे नहीं जनता है,
ध्येय विपुल धन नहीं, ध्येय तो समुचित निर्धनता है।

'अभी विषम है देश पीट कर समतल इसे करेंगे,
जहाँ-जहाँ हैं खड्ड, तोड़ शिखरों को उन्हें भरेंगे।
भोगेंगे सुख, पर, भोगासुर के न ग्रास हम होंगे,
यन्त्र चलाएँगे, पर यन्त्रों के न दास हम होंगे।
अति-लोभी जो भृत्य, वही होता गुलाम स्वामी का,
यही हाल है लोभ-ग्रस्त मानव विलास-कामी का।
जब तक नित्य नवीन सुखों की प्यासी बनी रहेगी,
मानवता तब तक मशीन की दासी बनी रहेगी।

'जो सुख हैं अनिवार्य, प्राप्त हम रातों-रात करेंगे,
जहाँ-जहाँ अवरोध, वहाँ खुलकर आघात करेंगे।
निर्धन का धन बढ़े, घटें धनवान, बात समुचित है।
पर, भोगों की तृषा जगाना बहुत-बहुत अनुचित है।
बेलगाम यदि रहा भोग, निश्चय, संहार मचेगा,
मात्र गरीबी-छाप सभ्यता से संसार बचेगा।'

रात के समय

जब आती है रात, खोजता हूँ खोए सपने को,
अँधियाले में हाथ बढ़ा ढूँढ़ता आप अपने को,
ग्रन्थों के अक्षरों, विचारों में, निगूढ़ ध्यानों में,
लिखी हुई कविताओं में, अनलिखे, गुप्त गानों में,
उन कुंजों में जहाँ मदिर-नयनाएँ कभी खिली थीं;
उन वृन्तों पर जहाँ मुग्ध कलिकाएँ कभी खिली थीं;
उस गवाक्ष पर खुला जहाँ से व्योम दीख पड़ता है;
दोपहरी का सूर्य, निशा का सोम दीख पड़ता है;
भीतर के उस अन्ध-कूप में जहाँ तिरोहित मन है,
उतराता उठ जहाँ अतल से स्वप्न मूक, निःस्वन है।

शब्दों के भीतर अशब्द इन स्वप्नों को लाने को,
स्वर में किसी भाँति भर कर निःस्वरता को गाने को,
छन्दों का ले जाल घात में सदा लगा रहता हूँ,
रात-रात भर ध्यान-मग्न निःशब्द जगा रहता हूँ।
ये सपने, ये दृश्य प्राण में उड़े-उड़े फिरते हैं;
कभी-कभी लगता, आँखों के बहुत पास तिरते हैं।
किन्तु, हाय, इस अतल कूप की मिलती थाह नहीं है;
हम हैं जहाँ, वहाँ जाने की, शायद, राह नहीं है।
बहुत देर तक मुझे रोज माया यह भरमाती है,
प्रभु की कृपा, थके कवि को भी निद्रा आ जाती है।

कला और कर्तव्य

सरल हृदय की सीधी-सादी बात,
दर्द से पहले तनिक गीली हो आई थी।
देखी थी तुमने क्या वह बरसात
घटा पलकों में जब नीली हो छाई थी?

और आग की वे लपटें विकराल,
मुड़ो जिस ओर, उधर ही दिशा दहकती थी।
सोने देती कभी नहीं भूचाल,
हवा में जहाँ-तहाँ बारूद महकती थी।

तब, जाने क्या हुआ, जहाँ थी आग,
वहाँ नन्ही-नन्ही कुछ दूब निकल आई।
सरसी में भर गया अलक्तक राग,
तीर पर खड़ी नहाकर परियाँ मुसकाईं।

दिखलाई आरसी जभी, जिस ओर,
उधर ही धार बाँध कोमल प्रकाश छूटा।
जगा शैल की छाती में कल रोर,
गीत बनकर भीतर का दबा दर्द फूटा।

मिली रूपसी की आँखों से आन
अमृत की उज्ज्वलता में मदिरा की लाली।
खींच लिया उर्वशी-लोक ने ध्यान,
खड़ी हो गई घेर कर मुझको हरियाली।

किन्तु, आज दर्पण का है यह हाल,
सूर्य से फिर जलने की सीख माँगता हूँ।
गाँस मार कर जगा गया है काल,
देश के लिए आग की भीख माँगता हूँ।

सूख गई है दूब,
झुलस कर मुरझा गया कमल है।
अप्सरियो! मत छुओ,
झील का सलिल नहीं शीतल है।
तुमसे मुझे वियुक्त

काल का कोप किये जाता है;
कला नहीं, कर्तव्य
छाँह से दूर लिये जाता है।

काल

दूर दूर तक निस्सीमता विशाल,
बाहुओं का छोटा घेरा है।
फँसनेवाला नहीं सनातन काल,
जाल संकीर्ण बहुत तेरा है।

अब ठंडी हो चली आयु की आग,
जवानी का सूरज ढलता है।
बाकी है जो अनल-तत्त्व का राग,
बहुत धीरे-धीरे जलता है।

गए खेलने-खाने के दिन बीत,
यहाँ से दूर बहुत बचपन है।
शरमाने अब लगे रसीले गीत,
पूर्ण हो रहा वर्ष पचपन है।

चले गए जो युग लेकर उत्कर्ष,
पूछने कुशल नहीं आएँगे;
और सामने बाकी हैं जो वर्ष,
छोड़कर तुझे निकल जाएँगे।

शतदल के भीतर भर ले प्रति प्रात,
सूर्य का जो भी कण मिलता हो;
हृदय खोल, जी भरकर उससे बात,
सामने जो भी क्षण मिलता हो।

जैसे रवि के रश्मिदूत बिखरी किरणों के कण हैं,
कालपुरुष के उसी भाँति ये क्षण विश्वस्त श्रवण हैं।

श्मशान

रोने की क्या बात?
जनम का यहीं कहीं उद्गम है
पर्वत का वह मूल,
जहाँ से सभी स्रोत चलते हैं
आखिर को हम पहुँच गए ही वहाँ,
जहाँ से शुरू किया था।
कफन और पोशाक छठी की,
दोनों एक वसन हैं।
पता नहीं, हम नया जन्म लेते हैं
या मरते हैं।

कौन कहे, स्रष्टा ही हो,
जो हमें दीखता यम है।

बढ़ो और गहराई में,
गर तुम्हें दूर जाना है।
पर, हम तो अब यार!
वहीं तक सब्र किये लेते हैं,
मिल जाता है जहाँ पाँव
ऊपर उठते पानी का,
धरती की वह नाभि,
जहाँ पर आग जला करती है।
ऊपर जिसकी झमक,
वही ज्वाला नीचे निश्चल है,
इसीलिए तो मर कर भी
जिन्दगी नहीं मरती है।
और अधिक डूबना
व्यर्थ गीतों को भरमाना है।

चुनौती

मुट्ठी में भर कर भविष्य की राख
किसे तू भय दिखलाती है?
जो जनमा, हो गया नियति का दास,
पाठ किसको सिखलाती है?

ऐसा ही था, तो क्यों वज्र-कठोर
पुरुष बनकर मैं आया था?
अगम लोक से झंझा और झकोर
अकारण ही क्या लाया था?

अभी पलायन करने की क्या बात?
नया संसार बसाता हूँ।
देख, बंजरों में लाकर बरसात
नए वन-बाग लगाता हूँ।

अभी कल्पना थकी नहीं;
कुछ ऊँचा और चढ़ेगी।
जैसा हूँ, वैसा अनेक
प्रतिमाएँ नई गढ़ेगी।

जैसे मैं हँसता हूँ, ये प्रतिमाएँ खूब हँसेंगी
भाग्य जिसे कहते हैं, उसके बल पर,
जली हुई वाटिका, नियति के छल पर।
और विपद को धुनी बना जैसे मैंने तापा है,
उसी तरह पंचाग्नि-बीच मेरी मूर्तियाँ बसेंगी।

तसवीर

देख चुके तसवीर?
रंग का छल या सुन्दरता है?
रेखाओं के गीत,
शब्द नीले-पीले पानी के,
रंगों से कुछ रुँधे-रुँधे संगीत
सुनाई देते हैं कानों को?
कहीं रक्त के पास
स्वप्न सुगबुग-सुगबुग करता है?

भावों की गुदगुदी मूक, लाचार,
मौन जैसे अभिलाषा हो।

खुलकर कैसे कहें स्वप्न की बात?
रंग को जीभ नहीं मिलती।
असमंजस में पड़ी हुई तूलिका
द्वन्द्व में जैसे भाषा हो।
तब भी, जो कुछ कहा,
वही था भेद हृदय का;
खींच सका जितना,
उतना ही चित्र है।

सत्य! तुम्हारे मन में भी कोई संशय है?
तुम भी हो सोचते, तूलिका मेरी नहीं पवित्र है?

गांधी

‘गोचर को दे छोड़, अगोचर को भज प्यारे!’
कहा धर्म ने, ‘जो कुछ है, ऊपर नभ में है।’
और मनुज, सचमुच, मिट्टी को छोड़ युगों तक
धूम-जाल में ग्रस्त घूमता रहा गगन में।

तब आया विज्ञान और बोला, ‘यन्त्रों से
छू सकते हम जिसे, सत्य है; और सत्य है
वह भी, जो तर्कों से जाना जा सकता है।’

थी इतनी-सी बात, नहीं विज्ञान गलत था,
क्योंकि मौन था वह उस पर, जो कुछ अदृश्य है
या कि जहाँ तक पहुँच नहीं है गोचर मन की।

किन्तु, मार्क्स ले उड़े, 'सत्य है पत्थर केवल,
वायु सत्य उससे कम, नभ बिलकुल असत्य है।
ईश्वर नर की भ्रान्ति और यह धर्म जहर है।'

नर ने जब यह सुनी घोषणा, चौंक उठा वह।
व्योम-लोक से उसने अपनी दृष्टि हटा ली।
और सेवने लगा मृत्ति को वह यों, मानो,
मिट्टी ही जीवन, ईश्वर, सम्पूर्ण सत्य हो।

मृत्ति-क्षीर पीकर मनुष्य की देह उठी जग,
(मृत्ति देह का पालन खूब किया करती है।)
पर, अदृश्य पर से श्रद्धा हटते ही उसने
नये-नये कानून, नई नीतियाँ बना लीं।

पहले नर अमरत्व चाहता था मरने पर।
पर, अब वह खोजता यहीं दीघार्यु सुयश है।
यद्यपि है यह भेद, अमरता के अन्वेषी
आत्मदेवता से कुछ भी न छिपा सकते थे;
कीर्तिकामियों को, पर, साधन सभी सुलभ हैं
निज अकीर्तियाँ छिपा कीर्ति उत्तम पाने की।
क्योंकि दृश्य है सत्य, झूठ जो कुछ अदृश्य है।

नया नियम निकला, जो कुछ भी करो, पुण्य है,
अगर पुलिस की दृष्टि नहीं तुम पर पड़ती हो।
नया नियम निकला, जो कुछ भी करो, श्रेष्ठ है,
कीर्ति-छत्र बाहर सिर पर यदि तना हुआ है।
नया नियम निकला कि राज्य सबसे ऊपर है।
(उससे भी ऊपर जितना पहले ईश्वर था।)
अतः व्यक्ति या प्रजा धूलि-तृणवत् नगण्य है।

नया नियम निकला, सब को रोटियाँ मिलेंगी;
चिन्तन पर अधिकार, किन्तु, है केवल उनका
जो बलिष्ठ नेता बहुतों को मार-पीट कर
या कि चौर्य से सिंहासन तक पहुँच गए हैं।

नया नियम निकला, कविताएँ वही श्रेष्ठ हैं
जिनसे राजा और राज्य का बल बढ़ता हो।
नया नियम निकला कि विचारक वही पूज्य है,
जो राजा की भँवें देख चिन्तन करता हो।

नया नियम निकला, शासन हो जहाँ तुम्हारा,
धरती के उतने हिस्से को जेल बना दो।
आने दो उन्मुक्त किसी को मत विदेश से
और नहीं अपने जन को बाहर जाने दो।
सबसे सबका मिलन हमेशा ठीक नहीं है,
क्या जाने, क्या बात, कौन किसको सिखला दे!

तज अदृश्य को मार्क्स दृश्य पर आ अटके थे,
सो, उनका यह दृश्य भयानक जेल हो गया।

निकले मार्क्स अपूर्ण, अतः बापू! तुम आए।
नहीं बुलाया तुम्हें दासता ने भारत की,
न तो तुम्हारा तकली न आह्वान किया था।
तुम आए सारी मानवता की पुकार पर,
भारत की तो मुक्ति आप-से-आप हो गई।

तुम आए इसलिए कि टूटी कड़ियाँ जोड़ो
मानवता के अमित-कल्प-व्यापी विकास की।
तुम आए इसलिए कि भव्य अतीत मनुज का
वर्तमान अथवा भविष्य से छूट न जाए।
तुम आए यह भेद मनुष्यों को समझाने,
धर्म और विज्ञान परस्पर शत्रु नहीं हैं।
और न इनमें एक सत्य है, अपर मृषा है।

दो सौ वर्षों में मनुष्य ने अर्जन जिसका
किया, ज्ञान वह बहुत श्रेष्ठ है; और श्रेष्ठ है
वह धारा भी जो अनन्त सदियों से अविरल
जन-मन में भावना-रूप बहती आई है।

निरा ज्ञान हिमशिला, निरी भावना वाष्प है।
नर का जीवन-स्रोत शुभ्र पानीय तरल है।

गलने दो हिम के कठोर पिंडों को मन में
और वाष्प को सलिल-रूपता में ढलने दो।

तन का सौरभ व्यर्थ अगर मन के आँगन में
तुलसी का तरु नहीं, नहीं शुचि गन्ध अगुरु की।
वायुयान पर चढ़ कर तुम उड़ चले कहाँ को?
मानव का गृह तो मानव से दूर नहीं है।

[25 सितम्बर, 1958]

कांस्य-प्रतिमा

गिर जाए यदि महल,
ढूह में दब जाए यदि नाम,
बीम-बरगों, ईंटों को हटा
व्यर्थ उद्धार न करना।
कांस्य-मूर्ति की प्रथा बहुत निर्दोष नहीं है।

प्रतिमाओं के कन्धों पर कौए करते हैं बीट।
और जो जीवन में जलते थे,
शायद उनके प्रेत, मरे पर भी, न चैन पाते हैं।

चौराहे पर खड़ी मूर्ति को देख
दग्ध ये रोते-पछताते हैं।

'हाय, किराये के हुँड़ार कितने थे मेरे!
लिखवाए इसके विरुद्ध क्यों नहीं और भी ग्रन्थ?
तब भी, मैंने कम तो नहीं किया था!
लेने इसको दम तो नहीं दिया था!
फिर भी, पा ही गया दुष्ट,
अचरज तो देखो,
मर कर भी चौराहे पर जीवित रहने का पन्थ।
चेलों को अमरूद खिलाना व्यर्थ हुआ।
काफी औ' वरमूद पिलाना व्यर्थ हुआ।'

खाँसे जो कोई
तो क्या तूफान कभी रुकता है?
तब भी, लोग अकारण ही
खाँसते, छींकते, आँख दिखाते हैं।
और अगर अपशकुन नहीं माना तुमने तो,
अन्धकार में वे अपने कुत्ते हुलकाते हैं।

बड़ी विपद की बात,
जिएँ तो खैर नहीं है।
और अगर मर कर
प्रतिमा बन खड़े हुए तो,

जल उठता है मरे मित्र का प्रेत,
भूलता वैर नहीं है।

मर कर भी जीवित रहने का
लोभ न करना चाहिए।
मरे अगर कवि तो
उसको पूरा ही मरना चाहिए।

मृत्यु अशब्दित, निस्तरंग, नीरव जीवन है।
गहन शान्ति, निश्चिन्त नींद,
विस्मृति उसकी आभा है।
भूल गए हम जिन्हें,
सत्य ही, बड़े भाग्यशाली थे।

हमदर्दी

नकली हमदर्दी में
कदग उठाते चलो।
असली जो मन है,
उसे भीतर का अन्धकार
दाँतों से थामे रहे,
मुख पूर्णिमा में रहे,
आत्मा अमा में रहे।

नकली चेहरा पहन कर चलने से
दोस्त मिलते हैं।

रक्षित रहती है पूँजी,
हलवे के लिए जुटाई गई
चीनी और सूजी।

अगर तुम्हारे पास यश की दुकान है,
मक्खन का ट्रेड मार्क काफी कारगर होगा।
नकली विनम्रता भी भारी वरदान है।
लोग तो कहेंगे नहीं, इसमें अभिमान है?

लेकिन अदृश्य की बही में क्या प्रमाण है?

टूटने दो, नकली झुकान से बचाओ नहीं,
अगर तुम्हारे पास शीशे का महल है।
नकली हमदर्दी में कदम उठाना
एक आदमी नहीं,
सभी आदमियों के साथ छल है।

समाधान

दिनकर केवल प्रश्न उठाता है।

समाधान की बात न कोई पास,
मूढ़ समस्याओं का केवल दास।
न तो समझता शास्त्र, न तो कानून;
सिर पर चन्दन नहीं, न तो दाढ़ी चेहरे पर,
न तो गले में 'टाइ', न तो नीचे कोई पतलून।
वृथा चौंकते हो,
इसको क्या आता-जाता है?
दिनकर केवल प्रश्न उठाता है।

उत्तर के गाहको! निराशा से घबरा कर
मरो नहीं, चिन्तनशील यह देश
नाप में बहुत बड़ा है।
देखो जहाँ, वहीं
दफ्तर, कॉलेज-कक्ष में,
सभा-मंच पर या विद्या के चबूतरे पर
समाधान देनेवाला निश्चिन्त खड़ा है।

क्या कहते हो,
प्रश्न गूढ़ हों तो चिन्ता में,
यह मनुष्य भी चार मिनट तक मौन रहेगा?
राम कहो,
ऐसा-वैसा यह नहीं,
बड़ा पक्का पंडित है।
इसमें जाकर शमित हो गया
सारा बुद्धि-विवाद है;
बड़े-बड़े ग्रन्थों में जो कुछ है लिखा,
बड़े-बड़े पंडित को सभी जबानी याद है।

एक मिनट भी नहीं वीर यह मौन रहेगा।
जैसे ही पूछोगे, वह बेधड़क कहेगा
'हिंसा? हिंसा कौन बड़ा भारी सवाल है?
विनय मित्र, मानवता का अभिमान काल है।
हममें जो है क्रोध,
वही सारे जग का अभिशाप है।

गांधी जी कह गए
कि मरना पुण्य, मारना पाप है।
'और काम का समाधान?
अत्यन्त सरल है।
पूजा भर है अमृत,
स्पर्श-भावना गरल है।
ब्याह करो, लेकिन रक्खो,
साबित तब भी ईमान को।
गांधी जी कह गए,
जन्म लेने दो मत सन्तान को।'

दर्द

दर्द को तुम फेन की धारा बनाओ।
फेन तो बह जायगा;
नीर निर्मल सिन्धु में रह जायगा।

वायु

चाहता हूँ, मानवों के हेतु अर्पित
आयु यह हो जाय।
आयु यानी वायु, जो छूकर सभी को
शून्य विस्मृति-कोष में खो जाय।

आँसू

खिड़की के शीशे पर कोई बूँद पड़ी है।
अर्ध रात्रि में यह आँसू किसका टपका है?
देख न सकता तुम्हें, किन्तु, ओ रोनेवाले!
रजनी हो दीर्घायु भले, पर अमर नहीं है।
अरुण-बिन्दु-धारिणी उषा आती ही होगी।

नाव

प्रत्येक नया दिन नई नाव ले आता है,
लेकिन, समुद्र है वही, सिन्धु का तीर वही।
प्रत्येक नया दिन नया घाव दे जाता है,
लेकिन, पीड़ा है वही, नयन का नीर वही।

स्मृति

शब्द साथ ले गए, अर्थ जिनसे लिपटे थे;
छोड़ गए हो छन्द, गूँजता है वह ऐसे,
मानो, कोई वायु कुंज में तड़प-तड़प कर
बहती हो, पर, नहीं पुष्प को छू पाती हो।

सिंह

पंजों में है धार,
बाहुओं में तूफान भरा है,
घबराएँगे भीरु,
दृष्ट निश्चय अपमान करेंगे।
भर जाएँगे वे परन्तु,
आनन्द और विस्मय से,
धीर पुरुष जो दयापूर्ण
नयनों का ध्यान करेंगे।

तुम पर्वत, जिसकी छाती में
झरने खेल रहे हैं,

तुम पावक, तुम मरुत,
सिंह! तुम भासमान् सविता हो।
यह संतुलित विराट तेज!
यह विभा प्रसन्न प्रलय की!
मैंने जिसको लिखा,
सिंह! तुम वह कठोर कविता हो।

कोयला और कवित्व

[एक विदुषी को लिखा गया पत्र इस विषय में कि कला फलाशा से युक्त होती है या वियुक्त और कोयले का उत्पादन बढ़ाने को यदि गीत लिखे जाएँ तो कैसा रहे?]

देवि! कला के लिए कला से आप व्यर्थ चिढ़ती हैं।
कर्म, विकर्म, अकर्म एक ही आरोहण के पद हैं।
एकमात्र आश्रय अकर्म ही है समस्त कर्मों का।
और जानती ही होंगी, दुर्लभ अकर्म यह क्या है!

प्रेरित किसी लोभ से अथवा भीत किसी शंका से
कोयले की उत्पत्ति बढ़ाने को हम जब लिखते हैं,
वह लेखन की क्रिया होती है; और क्रिया यह

सीमित नहीं मानवों तक'; पशु भी उसको करते हैं
प्रेरित क्षुधा, भीति या जैविक किसी अन्य चिन्ता से।

उपयोगिता जहाँ तक सम्मुख, जब तक हम कहते हैं,
वे ही कर्म-कलाप विहित हैं जिनके सम्पादन से,
हमें अन्न, धन, वस्त्र याकि कोयला प्रभूत मिलता है,
तब तक मानव किसी भाँति भी पशु से भिन्न नहीं है।
और कहीं कुछ है भी तो गुण नहीं, मात्र गणना में।

सच है, मनुज बहुत ऊपर उठ आया है पशुता से;
किन्तु, मात्र जैविक ध्येयों पर जब भी वह अड़ता है,
पशुता आती उभर, शुद्ध मानवता दब जाती है।

देख जाइए आँख खोल कर, सारे जीव-जगत् में,
जो कुछ भी हो रहा, सभी जैविक आवश्यकता है।
जो भी कृत्य अनावश्यक हैं याकि अनुपयोगी हैं,
सब निसर्ग-वर्जित हैं पशु को। यह क्या कभी सुना है,
कोई मदकल द्विरद आत्महत्या कर कहीं मरा हो
प्रणय-निराशा से विषण्ण या जीवन से घबरा कर?

यह तो मानव ही है जो उपयोगों की सीमा से
बाहर निकल नाचता है, जब घर की चुल्लि बुझी हो;
करता है संगीत सिद्ध संचित सम्पत्ति लुटा कर,
और प्रेम के लिए महा साम्राज्य छोड़ देता है।

ज्ञान ज्ञान के लिए नहीं होता, तो क्यों उत्तर से
आविष्कार चमक उठता उस समय, ज्ञानयोगी जब
किसी बात के लिए जमा दक्षिण को देख रहा हो?

उपयोगिता समग्र सत्य है, रहस्य यह क्या है?
लोग दूसरों के निमित्त क्यों प्राण दिया करते हैं?
और छोड़ धन, धाम, रूपसी प्रिया, पुत्र परिजन को
क्यों मनुष्य वन का फकीर, संन्यासी बन जाता है?

गहराई में उतर देखिए तो यह साफ दिखेगा,
उसी बिन्दु से मानव का मनुजत्व शुरू होता है
जिसके इधर जगत उपयोगी, उधर अनुपयोगी है।

उपयोगिता समग्र सत्य थी, जब मनुष्य बर्बर था।
पर, ज्यों-ज्यों सभ्यता बढ़ी, त्यों-त्यों, मनुष्य के मन में
उन तत्त्वों के लिए प्रेम पग-पग बढ़ता आया है,
जिनका कोई स्थूल यांकि जैविक उपयोग नहीं है।

विवरों का वासी मनुष्य अब महलों में रहता है।
और महल भी कैसे? जो अम्बर को चूम रहे हों;
नहीं मात्र आश्रय देने को वर्षा, धूप, तुहिन से,
पर, ऐसे, जिनमें सुरम्यता, शोभा हो, सुषमा हो;
सोई हो कल्पना दूधिया चूने की आभा में,
और खिड़कियों पर सुरंग में सपने झूल रहे हों।

बाहर जब से चला मनुज उपयोगों के घेरों से,
तब से उसके हाव-भाव, ढब-ढाँचे बदल गए हैं।
पशुओं में जो काम, मात्र, कारण भर था प्रजनन का,
वही मनुष्यों में आकर अब कितना बिफर गया है?

पशु कह पाते नहीं भेद जो मन का कूद, रँभा कर,
वही भेद नारी-नर अनबोले ही कह जाते हैं
केवल आँखों से निहार चोरी-चोरी आँखों में।

और काम अब राज रहा है कितनी व्यापकता से?
ध्यानमग्न किस भाँति बारहों मास विकल रहते हैं
नर नारी के लिए और नारियाँ नरों को लेकर?
कहाँ गई ऋतु की मर्यादा, वह देशना प्रकृति की?

लगता है, मानो, छिपकर ली चुरा पुष्पधन्वा ने
ताली ही संभ्रान्त, सभ्य, शिक्षित समाज के मन की।
एक काम से अब अनेक उलझनें जन्म लेती हैं।

देख लिया यदि आज किसी ने आसव-भरे नयन से,
कल ही से युवती के सारे भाव बदल जाते हैं;
स्वयं खोज लेती अनन्त आकर्षण के स्रोतों को,
नई भंगिमा भर लाती है चितवन और हँसी में,
रंग चढ़ा लेती कपोल पर, भ्रुवों और अधरों पर,
चलने में अनुकरण हंस, गज का करने लगती है।

और प्रेम की झंकृतियों से जगे हुए मानव की
त्वचा नहीं सन्तुष्ट देर तक रहती रुक्ष वसन में,
बहुत शीघ्र कामना मृदुलता की करने लगती है।
जीभ माँगती स्वाद, नयन खोजते लोक फूलों का,
मन मादकता की तरंग पर उड़ा-उड़ा फिरता है
गहन, गुह्य, निस्सीम गगन में, जहाँ पहुँच जाने पर
कनक नहीं, केवल अन्तर्मन का प्रसार मिलता है।

यह सौभाग्य कहाँ था, जब हम शाखामृग बर्बर थे?
इतनी विपद कहाँ थी, जब मानव पशु का भाई था?

मात्र स्वास्थ्य ही नहीं, सभ्यता में कोई रुज भी है;
जिसको भी यह रोग भयानकता से लग जाता है,
शक्ति न रहती शेष देह में बाघों से लड़ने की,
वृक, शृंगाल भी आसानी से उसे फाड़ खाते हैं।
अधःपात है हुआ अमित देशों, व्यक्तियों, जनों का,
नहीं लोभ या निर्दयता से; पर, इससे कि उन्होंने
करुणा, दया, त्याग, यानी, सभ्यता बहुत सीखी थी।

तो क्या हो? सभ्यता छोड़ फिर वापस लौट चलें हम
नीचे वहाँ, जहाँ दन्तासुर डाढ़ें पजा रहा है?
और पहन लें, हम भी फिर फौलादी व्याघ्रनखों को?
अथवा बढ़ते चलें लक्ष्य की ओर सोच यह मन में,
अभी शृंग चढ़ते-चढ़ते बलिदान बहुत होना है,
नहीं मात्र तन के शोणित का, मन के भी सपनों का?

उपयोगों पर अड़े रहें हम, तो यह बात सही है,
अन्न, वस्त्र, धन, धाम, प्रचुरताओं की कमी न होगी।
पर, उड्डयनशील, चिन्तन-लोभी मन का क्या होगा,
वह मन जो अब भी पशुओं में बहुत सरल, सीमित है,
पर, मनुष्य में आ असीम अम्बर-सा फैल गया है?

इन्द्रधनुष, तारे, हरीतिमा और गुप्त जगती वह
जो अदृश्य में उड़ने का आमन्त्रण भेज रही है,
ये, सच ही, हैं त्याज्य, क्योंकि इनका उपयोग नहीं है?

खा-पीकर सो जाय, हाय, इतना ही मनुज नहीं है।
निद्रा के वन में भी वह सपना देखा करता है
उन अभुक्त छवियों का जो जीवन में नहीं मिली हैं,
या उनका जो दौड़ रही हैं अभी रक्त के कण में
अनाख्यात, अव्यक्त, राह देखती हुई भाषा की।

बड़ा भाग्य उस पशु का जिसके मन को पंख नहीं है,
बड़े सुखी वे लोग जिन्होंने चिन्ता से बचने को
अपने मन के पंख नोंच कर बाहर फेंक दिये हैं;
सुख से जो कर काम, तृप्त खा-पीकर सो जाते हैं,
जैसे पशु कुछ नहीं खोजते भोजन पा लेने पर।

पर, पशु को क्यों हँसें? अभी भी बहुत भाव पशुता के
सत्य कहूँ तो, ज्यों के त्यों, मानव में भरे हुए हैं।
वन में थी जो आग, बहुत जीवित है राजपुरी में;
दाहकता है एक, मात्र वाचक भर बदल गया है।

टिकने देती भैंस नहीं बाहरवाली भैंसों को,
अपने खूँटे से ढकेल कर बाहर कर देती है;
यही भाव विकसित, प्रशस्त होकर नर की भाषा में
राष्ट्र, राष्ट्र का प्रेम, राष्ट्र का गौरव कहलाता है।

और आपको विदित नहीं क्या, राष्ट्रवाद यह कैसे,
विश्व-मनुज को जन्म ग्रहण करने से रोक रहा है?
कारण? राष्ट्रवाद उपयोगी भाव, निरी पशुता है।
विश्व-पुरुष पाशविक धरातल पर कैसे जनमेगा?
वह जनमेगा जब निहीन उपयोगों के घेरों को
अतिक्रमित कर हम असीम उस जग में चरण धरेंगे,
जहाँ न होगा ज्वलन-ताप जैविक आवश्यकता में
काम प्रेम से और लोभ अपरिग्रह से हारेगा;
जहाँ पहुँच कर मनुज विरत होगा सब संग्रामों से,
नहीं भीत इससे कि शान्ति की मुट्ठी बड़ी प्रबल है,
पर, इसलिए कि मार-पीट करना ही बहुत बुरा है।

जहाँ गीत श्रमिकों की श्रुतियों में रस बरसाएँगे
नहीं मात्र इस हेतु, काम से वे थक कर आए हैं
और श्रान्ति को मिटा काम पर फिर उनको जाना है;
पर, इसलिए कि वे मनुष्य हैं और सभी मनुजों में
निरुद्देश्य आनन्द पान करने की सहज तृषा है।

और श्रमिक ही क्यों? समेट मुरली, फावड़े उठा कर
कवि-गायक क्यों नहीं जाएँगे कोयले के खानों में?

मात्र लेखनी ही लिखती है नहीं काव्य जीवन का,
लिखा जा रहा महा रोर में वह पन्ने-पन्ने पर
हल की नोकों से, कुदाल से और ट्रैक्टरों से भी।

गीतों की फुहियाँ पड़ने से स्वेद सूख जाते हैं।
और पसीनों के जल में जब ज्ञान स्नान करता है,
नयन शुद्ध होते, दर्शन की रीढ़ सुधर जाती है।

सिद्ध गीत, जो रचा गया हो करघों की घर्घर में,
सिद्ध पुरुष जो नानाविध कर्मों में लगा हुआ है,
बरबस नहीं, सहर्ष, स्वयं प्रेरित अपनी इच्छा से,
क्योंकि कर्म श्रम नहीं, कर्म मुदिता, आनन्द पुलक है।

धन्य मनुज वह, जिसे कर्म निज में रत कर लेता है
जैसे प्रिया कान्त प्रेमी को, कला कलाकारों को;
धन्य पुरुष, जो निरुद्देश्य निज कर्म किया करते हैं,
जैसे उगता सूर्य, समय पर सदा सिर्फ उगने को,
इस चिन्ता में नहीं, न जाने, कितना तम हरना है।
जैसे बहती वायु, विचारे बिना बात यह मन में,
जाने, शीतलता बिखेरनी होगी आज कहाँ पर।
जैसे खिलते कुसुम, कर्म-रत बिना किसी आशा के,
आज कुन्तलों में गुँथना या मन्दिर में चढ़ना है।

सविता, पुष्प, समीर, चाँदनी इन सुन्दरताओं का,
जो भी हो परिणाम, किन्तु, कोई उद्देश्य नहीं है।

तब भी ये अवयव निसर्ग के कितने कर्म-निरत हैं?
और आइए, अब अकर्म कर्मों की बात करें हम।

जब भी मनुज कर्म करता है फल की आस लगा कर,
जब भी करते हुए कर्म वह यह सोचा करता है,
यह तो बहुत-बहुत अप्रिय है, पर, क्या हाय, करें हम?
इसे छोड़ भागें तो घर पर जाकर क्या खाएँगे?
अथवा यह कि गीत होने पर भी ये गीत नहीं हैं,
तब भी लिखो, क्योंकि, अपने में ये कुछ भले नहीं हों,
पर, क्या बुरा, वृद्धि हो यदि कोयले के उत्पादन में?
तभी कर्म से मानव की ग्रन्थियाँ जन्म लेती हैं,
तभी कर्म नर के जन्मों का बन्धन बन जाता है।
यही कर्म है वह, जिसके निष्प्राण भार के नीचे
चूर्ण-चूर्ण हो गिर जाता है शिखर मनुज के मन का।
यह कुछ वैसा ही है, जैसे, कोई मृदुल जुही को
उठा चाँदनी से रख दे भट्ठी के पास सटा कर;
या जैसे अप्रिय नर के नीरस, बलात् चुम्बन से
बार-बार कुंठिता व्यग्र रमणी कुम्हला जाती है।

किन्तु, कर्म जब छा जाता कर्मी के पूरे मन में,
जबकि कर्म के सम्पादन में नहीं हाथ ही केवल,
पर, सारा अस्तित्व, प्राण, तन, मन, सब लग जाते हैं,
तभी कर्म के भीतर से आनन्द फूट पड़ता है।
कर्ता सहज प्रसन्न पहुँचते ही समाधि की स्थिति में
जाता भूल, कर्म यह क्या है? और कौन फल होगा?

कर्म कर्म-पद छोड़ बन जाता तब कर्मी का,
जैसे शीतलता जल का, दाहकता धर्म अनल का,
जैसे बहना धर्म वायु का, सूरज का उगना है।

जहाँ कर्म बदला स्वधर्म में, फिर तो कर्ता नर की,
कर्म छोड़ कर और अन्य गति ही न शेष रहती है।
ऐसी कुछ रसदशा प्राण की, मन की हो जाती है,
न तो भाग सकता स्वकर्म से, न तो कभी थकता है।

कभी श्रान्त होते देखा है कहीं किसी ने रवि को
बार-बार के उगने या निशदिन चलते रहने से?
जब स्वधर्म मिल गया मनुज को, फिर विक्लान्ति नहीं है।
और थकेला मानव क्यों अपने प्रिय कर्तव्यों से?

प्रेम-सिन्धु में डूब गया जो, फिर उसके जीवन में
श्रान्ति और विश्रान्ति-बीच की रेखा मिट जाती है।
रहता निरत अनिद्र, सजग दिन भर जिसकी रचना में,
सो जाता है उसी कर्म का ध्यान स्वप्न में लेकर।
कवि लिखता जब नहीं, काव्य तब भी चलता रहता है।

कवि का ही दृष्टान्त दिया क्यों? निखिल महीमंडल में
कवि प्रतीक है उस अजस्र मनमोहक कर्मठता का
जो कर्मी का भार नहीं, आनन्द, निदिध्यासन है।
और छूट सारे प्रलोभनों, सारी आशाओं से
कवि हो रहता जिस प्रकार एकान्त-लीन रचना में

किसी लाभ के लिए नहीं, केवल अदृश्य में धँस कर,
जो अरूप हैं भाव, पकड़ कर उन्हें रूप देने को;
केवल मन का ताप बहाने को प्रगति-छन्दों में;
केवल अपना मेघ प्राण से बाहर कर देने को;
केवल स्वयं श्रवण करने को, युग के मूक हृदय में
कौन गन्ध छटपटा रही है, पवन कौन चलता है;
केवल क्रुद्ध गरज उठने को जब निरीह गो-शिशु को
कोई वृक हो लिये जा रहा अपने अन्ध विवर में;
केवल जल उठने का जब चारों दिशि आग बुझी हो,
करता हो प्रतिकार नहीं कोई दुर्दान्त अनय का;
वैसे ही, कोयला निकालनेवालों के भी मन में
एकनिष्ठ साधना चाहिए कोयला-उत्पादन की,
किसी लाभ के लिए नहीं, केवल इस शुभ्राशय से,
है स्वधर्म ही सब से उज्ज्वल धर्म कर्मसाधक का,
कोयला-उत्पादन से बढ़कर कोई काम नहीं है।

यही कर्म की वह स्थिति है, जिसको विकर्म कहते हैं।
यह विकर्म वाचक है दूषित नहीं विशिष्ट क्रिया का।
कर्मी वह जो कर्म-निरत है किसी लोभ या भय से,
किन्तु, विकर्मी वह जिसमें शंका, भय, लोभ नहीं है।
पर, तब भी, जो लगा हुआ है अपने कर्तव्यों में
क्योंकि धर्म का त्याग कभी सम्भव या साध्य नहीं है।
देह कूद कर कभी निकल सकती है बाह्य त्वचा से?
दाहकता को छोड़ कभी क्या पावक जी सकता है?

ठहर गया जिसका विकर्म, उस सहज कर्मयोगी के
सारे कर्म अकर्म-भाव में स्वयं बदल जाते हैं।
यह अकर्म संन्यास नहीं है, न तो त्याग कर्मों का;
चरम-बिन्दु पर चढ़े प्राण की यह एकायन स्थिति है,
जब कर्मातिरेक के कारण कर्म नहीं दिखते हैं।
चक्र दीखता स्थिति जब वह तेजी से घूम रहा हो।

कला कर्म का चरम रूप है; जिस एकान्त लगन से
कलाकार अपनी रचनाओं में खोया रहता है,
वही आत्म-विस्मृति मिलती है कहाँ अन्य कर्मी में?
और मिले तो वह मनुष्य भी श्रमिक नहीं, स्रष्टा है।

जब तक नहीं सुई ध्रुव-सम्मुख, कुछ भी इधर-उधर है,
सभी कर्म तब तक श्रम होते और श्रान्तिकारी भी।
पर, जब सुई खड़ी हो जाती ठीक सामने ध्रुव के,
रचना का आनन्द निर्झरों-सा झरने लगता है।
श्रम हो जाता सृजन, श्रमिक तब स्रष्टा बन जाता है।

श्रम की करके बात लोग जो कवियों को हँसते हैं,
कहिए उन्हें कि दूर अभी दिल्ली है मानवता की।

जिस दिन श्रम में श्रमिक लगेंगे कवि की तन्मयता से,
यह धरती उस रोज, सत्य ही, सुरपुर हो जाएगी।
भेद नहीं रह जाएगा कोई कवित्व-कोयले में,
सभी करेंगे बात सृजन की, श्रम का नाम न होगा।

कला कला के लिए कहें तो इससे क्यों जीवन का
मुख मलीन होता, मन में कुछ चोट कहीं लगती है?
कला-पुष्प खिलता जिस द्रुम पर, उसकी मूल-शिराएँ
जीवन में यदि नहीं, कहाँ पर और गड़ी होती हैं?

कला नहीं वह फेन, हवा में जो उड़ता फिरता है
डरा हुआ सूखी जमीन की धूलों से, ज्वाला से।
कला नहीं वह रंग-बिरंगा फलक रिक्त, जिस पर से
सपने का पंखी केवल मँडरा कर भाग गया हो।

कला नहीं वह गान, सितारें जिसे शुरू करते हैं,
बड़े नाज से, बड़ी अदाओं से, आकाशी सुर में;
पर देते हैं छोड़ बीच में ही, मानो, आगे की
बातें उनको याद नहीं या कड़ियाँ भूल गए हों।

कला नहीं वह स्पर्श, (बात क्या गहन प्राण-गंगा की?)
बाहर की भी त्वचा नहीं जिससे कम्पित होती है।
शोणितहीन, विषण्ण चित्र ये, जो भी उतर रहे हैं,
आभिजात्य के रोग, कुलीनों की मानस-क्रीड़ा हैं।

सच है, कला निसर्ग-मुक्त है नियति-रचित नियमों से,
न तो नीति-सेविका, न तो चेटिका किसी दर्शन की;
किन्तु, कौन है ज्ञान, नहीं सौरभ जिसके फूलों का
कला-लोक पर घिरे व्योममंडल में मँडराता है?

कला बैठती वहाँ, जहाँ से सभी ज्ञान चलते हैं,
और वहाँ भी, जहाँ सभी ज्ञानों का लय होता है।
आदि-अन्त के बीच तार जितने भी लगे हुए हैं,
सब उठते झनझना, कला जब उन्हें कभी छूती है।

जितने भी हैं ज्ञान, उर्मियाँ हैं अगाध सागर की।
कला संगिनी उस वड़वानल की, जो बैठ अतल में।
अपनी लौ से महासिन्धु के मन को औंट रहा है।

इसीलिए, जब कला बोलती, सिन्धु गरज उठता है,
अट्टहास से महाशैल की छाती फट जाती है;
अंचल जब घूमता, लाल हो उठते मेघ गगन के,
स्याही की बूँदों में द्वादश सूर्य धधक उठते हैं।

कला नहीं खंडन जीवन का, वह उसकी स्वीकृति है।
लेकिन, मत देखिए सदा, हठ से, एक ही दिशा में।
जीवन की डालियाँ मात्र दो-एक नहीं, लाखों हैं,
और फूटकर निकली हैं वे सभी एक ही तरु से,
वह तरु, जिसके गहन मूल में बैठी कान लगा कर
कला ध्यान से सभी डालियों का स्पन्दन सुनती है।

प्रातःकाल हरे पत्तों पर नर्तन नई किरण का,
सायं समय चाँदनी का करना प्रवेश कुंजों में,
मलयानिल का मृदुल स्पर्श, दुर्मद झकोर झंझा का,

ग्रीष्म-काल का तपन और फिर शीतलता पावस की,
हिम-निपात में अट्टहास कर हँसना क्रूर मरण का
केवल पत्ते नहीं, छाल, डालें, टहनियाँ चबाकर;
और फूट पड़ना जीवन का फिर यम की घाटी में,
फिर भर जाना सकल मौलि का पत्तों से, फूलों से;

फिर हरीतिमा-सिन्धु उठाए इतराना विटपी का,
मानो, उस पर कहीं नाश की उँगली नहीं पड़ी हो।
कला देखती द्रवित, भाव-विह्वल इन लीलाओं को
और देखकर यथायोग्य अंकन सबका करती है।

पर, इतना ही नहीं, दृश्य के परे, अगाध, अतल में
कला डूबकर, समाधिस्थ, यह भी अनुभव करती है,
दौड़-दौड़ डालों पर जब गिलहरियाँ किलक रही हों,
जगते कहाँ पुलक, तरु को गुदगुदी कहाँ लगती है?
और वृक्ष जब रस पीता पतली, महीन सोरों से,
तब मिट्टी के अन्धकार में साँ-साँ क्या बजता है?

और भेद यह भी, अशब्द, अँधियाले दरवाजे की
ताली मन के किस निगूढ़ कोने में छूट गई है?
एक क्षुद्र कण में समस्त तरु कैसे छिपा हुआ था?
कैसे बन ब्रह्मांड एक छोटा अणु फैल गया है?
यह अपार संसार प्रकट हो आता उछल कहाँ से?
और काल पाकर अदृश्य फिर कहाँ चला जाता है?

कोई उत्तर नहीं। मात्र विस्मित हो रह जाना है,
मानो, जो अज्ञेय, गहन है, अनाख्येय, अगदित है,
विस्मय ही उसकी निगूढ़, निःशब्द, मूक भाषा हो।

जब तक मिलती थाह, तभी तक सारे शब्द मुखर हैं,
पर, आएगा जब अथाह, सब मौन ग्रहण कर लेंगे।
मन में कहीं अगाध एक ऐसी भी गहराई है,
जहाँ पहुँच फूटते न कोई बोल कला के मुख से;
रह जाती निर्वाक्, ठगी की ठगी, महाविस्मय में,

घोर मूकता में कहती सब कथा बिना शब्दों के,
जो शब्दों में किसी भाँति भी कही नहीं जाती है।

शब्द मौन में, रव नीरव में, स्वर विलीन निःस्वर में,
मानो, कर्म अकर्म-सिन्धु में आकर डूब गया हो।

*[पटना
6-6-1960]*